実践的

アプローチ

初級から中級の学生向け金管楽器教則本

ビル・ミューター著

Author: Bill Muter
Translated by: Satoko Nourishirazi
Publishing: Bill Muter Music
Printing and Binding: Lulu Publishing

Japanese Paperback ISBN: 978-1-105-85377-7
English Paperback ISBN: 978-1-105-71790-1
iBooks Edition ISBN: 978-1-4675-3019-4

Acknowledgments: I would like to give special thanks to the many great music educators, friends, family and colleagues that have influenced and motivated me throughout the years. Special thanks to Mary Muter, Gary Muter, Courtlon Cochran, Mike Mineo, Darin Scott, Jason Moncrief, Roque, Diaz, Jason Sulliman, Andrew Smith, Edrick D Rhodes, Howard Weinstein, Itamar Martinez, Mason Entertainment Group and Kyodo Tokyo.

Bill Muter Music

http://www.billmuter.net

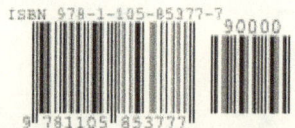

ISBN 978-1-105-85377-7

9 781105 853777

著者紹介

ビル・ミューター氏(1984年6月8日生まれ)は、アメリカ合衆国フロリダ州ボカ・ラトン出身のベースギター及びチューバ奏者である。氏を最も有名にしたのは、前衛的シンガーソングライター、マイク・ミネオ氏との共演における、その刺激的な演奏スタイルである。CBSテレビ、エンターテーメントテレビを初め、全米数々のラジオ局で両者の特集番組が組まれ紹介された。ミューター氏は、2009年、ハイチ音楽バンド、ガベルに参加した。ガベルでは、トロンボーン奏者として、ハイチ、フランス、ドミニカ共和国、オランダ領アンチル諸島、カナダなど、世界各国で活動した。2007年よりトニー賞受賞のブラストに所属し、同年の日本公演、2007-2008年の全米公演、シックスフラッグスフィエスタテキサスでの「ブラストフィーバー」で活躍。2007年のブラスト日本公演中には、第21回音楽祭でのJ-ポップグループTRFやPistol Valveとの共演がフジテレビで放映された。現在はチューバ奏者、パーカッショニストとして2011-2012年ブラスト日本公演に参加中である。

ミューター氏は、自身の演奏活動に加えて、音楽教育にも携わっており、フロリダ州デルレイのミラグロセンターの専任教師として全米各地の数々の音楽プログラムに関わっている。

この本に記載されている練習曲は、iTunes からダウンロードすることができます。

目次

呼吸

この課を読むときには、呼吸の仕方はすでに分かっていると思います。きっとしっかり呼吸をしていることでしょう。さもなければこの本を読んでいませんからね。 第1課では呼吸の仕方を変えるのではなく、演奏する楽器や曲に合わせてどのように呼吸をするのか、そのコントロールの方法を学びます。

この課で練習する内容

1) 吸息（息を吸う）時にさらに多くの息を吸い込むこと

2) 呼息（息を吐く）時の空気量と速度のコントロール

3) 不必要に筋肉を使わないで身体をリラックスさせること

4) 横隔膜の筋肉を使うこと

よくある勘違い

この課の目標は肺活量を増やすことではありません。一般的に人は吸息時に最大5リットルから6リットルの息を吸い込むことができます。この息とは、肺、気管、肺胞内にある空気のことです。これは楽器を正しく演奏するために十分な量です。ここで問題となるのは、人は通常呼吸をする時、最大肺活量の20%から30%しか使用していないという点です。ですから管楽器奏者は、肺や気管内にある可能な限りの空気を正しく使う方法を学ばなければならないのです。

どのようにして最大肺活量が決まるのでしょう。

姿勢——姿勢よく座ることによって、肋骨が広がり、より多くの息を楽に吸い込むことができる。

筋肉の強さ——横隔膜は肺の下にある筋肉で、呼吸の手助けをする。

快適感——病気や怪我に伴う痛みが少しでもあれば、十分息を吸い込むことができない。

骨格の柔軟性——関節のこわばりや背骨の湾曲を伴う病気によっても最大肺活量は影響を受ける。

これらのことを知った上で、呼吸を上手にするためにはどうすればいいのでしょうか。

金管楽器を演奏する際の実践的呼吸の応用

金管楽器を演奏するときに、呼吸は機械的なものであってはいけません。なぜなら曲そのものも機械的な響きになってしまうからです。呼吸は曲の特徴やフレーズの長さに合わせます。ピアニシモの四分音符を一つ吹くのに、肺一杯の息は必要ありません。曲を練習をする時、旋律と呼吸を合わせるようにします。これが自然にできるようになると、のびのびと演奏できるようになります。

ガソリンタンクと肺：

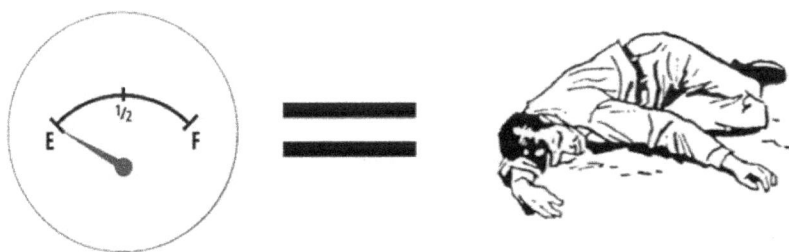

肺を車のガソリンタンクにたとえてみましょう。運転中にガス欠状態にはしたくないですね。肺と息の関係もこれと同じです。演奏中に肺の中の息ををすべて吐ききってしまわないようにします。息が全くなくなった状態では良い音は出せません。気管に残っている最後の一息は新鮮な空気ではなくなっているからです。気持ちよく演奏しているときは、その音の響きもよくなるものです。決して酸欠状態にならないように気をつけましょう。どこで息継ぎをするかをしっかり見極めることが優れたな演奏者になるカギの一つです。

呼吸をコントロールする練習

この練習では、常に４拍吸息します。吸息のときは、息の通りをよくするために口を大きく開けます。また、呼息のときには、歯が触れ合うぐらいに口を閉じて、楽器のバックプレッシャーを感じるために音を出さないで「スー」と息を吐きます。

呼吸をする時、息を止めないように気をつけましょう。自然に呼吸をすることが大切です。十分に息を吸い込んだら、すぐ息を吐き出します。ちょうど息が振り子のような動きをすると考えてください。吸い込んだ息をいったん止めてから楽器を吹き始めるのは、水中で長時間息を止めるのと同じです。大きく息を吸い込んだ後、１０秒間待って水中に潜るとすると、この１０秒は無駄な時間であり、肺の中によどんだ息を溜めることになるのです。

呼吸のコントロール

CD　トラック#1

ビル・ミューター

吸息４拍　　「スー」　　　吸息４拍　　　「スー」　　　　　　吸息４拍　　　「スー」
　　　　　（無声スー音）

繰り返し

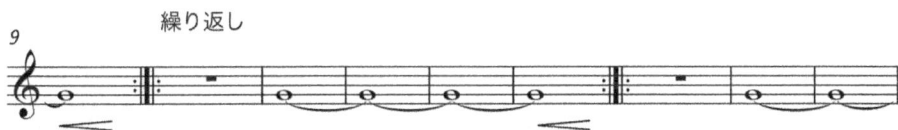

音

「食べるものによって、その人となりが分かる」

楽器を演奏するときに出る音が音色であり、それは音質であり、音の特徴でもあります。声のことを考えてみましょう。誰しも多少なりとも異なった声をしています。電話で会話をする時、声を聞くだけで誰と話しているか分かりますね。それは人の声はそれぞれ違った音色であり、また声の音質も違うからです。演奏家として自分の楽器の「声」を作り上げていくことは大変重要なことです。

音楽は言葉である

この表現を聞いたことがあると思います。しかし、本当の意味を真剣に考えたことがありますか。「音楽は言葉である」という意味が分かるなら、自分の音色を作り上げるのにこれを利用しない手はありません。

ここで、日本語を覚えた方法と初めて楽器を習ったときのことを比較してみましょう。

言語の習得

親は子どもが生まれるとすぐに日本語で話しかけますね。当然ですが、親は流暢でかつ正しい日本語で話しかけています。時間が経つにつれて、親は赤ん坊が日本語で応えてくれるよう期待してきます。そして子供は学校に行って言葉の基本を学ぶときにはすでに会話の仕方を習得しています。

つまり日本語を覚える時、まず聞くことから始めます。それから後で基本を学ぶわけです。

音楽を学ぶこと

音楽を学ぶとき、なぜかこの反対の手順を踏んでしてしまう人が多いようです。中学校の吹奏楽部に入って、よく考えることなくどの楽器を習うか決めてしまいます。そして、キーを押して、唇を動かせば音が出るなどと書いてある本を読んでいきます。正しい音を耳にするのは、学校のクラブの一番上手な人が演奏しているときぐらいです。楽器を習い始めて数年のうちに、その人ぐらいの音は出せるようになります。その人の影響を強く受けているわけですからね。

しかし、このような状況下では、上達することはなかなか難しく、この悪循環を断ち切る唯一の方法は、プロの奏者と演奏をすることです。自分の演奏している楽器が録音されているものをできるだけ多く聴き、その音を真似てください。何度も聴いているうちに、それぞれの演奏の共通点や違いに気付くようになります。その時点で、それらの奏者のどこが好きでどこが嫌いかをはっきりさせます。そうすることで自分はどのような音を出したいかということが分かってきます。

聴き取りの練習——書き取ること

収録されているものの中から、異なったスタイルの曲を２曲選び
ます。トランペット奏者なら、トランペット奏者のＣＤを選び、
トロンボーン奏者なら、トロンボーン奏者のＣＤを選びます。そ
れぞれの曲から３０秒間の演奏部分を取り出して練習します。正
しく吹けるようになるまでしばらくかかるでしょう。正しい音程
で吹くことばかりではなく、その曲のスタイルやフレーズもしっ
かり聴き取ってください。

聴き取った曲の音質や感覚にマッチするように気を配りながら練
習します。十分練習した後、誰かに聴いてもらい、コメントをも
らいましょう。もし可能なら、自分の演奏を録音して聴いてみま
しょう。そのとき気づいたことをメモしておくのもいいですね。

定期的に聴き取りの練習をすることを勧めます。この練習は自分
の演奏する楽器の音色を聴き、その楽器について理解を深めるの
に非常に役に立ちます。

歌うこと

「あなた自身が楽器なのだ」

歌うことと管楽器の演奏を比較して、、、

歌うことと管楽器を演奏することには多くの共通点が見られます。この共通点について考えれば考えるほど、演奏している楽器のことがよく理解できるようになります。

大切な概念

あなた自身が楽器なのだ！

あなたの目の前に横たわっている楽器を奏でるのはあなたです。曲は楽器そのものから出てくるのではなく、あなた自身が奏でるのです。演奏者と言われるゆえんはそこにあります。歌手はこれが何を意味するのか容易に理解できると思います。音は文字通り声帯から発せられ、脳の指示によりこの音に旋律がつき、曲になるのです。

管楽器奏者は歌手から何を学ぶのでしょう。

―楽器の正しい手入れの仕方を学ぶ。（歌手は喉のコンディションに気を配り、いつも最高の状態に保っている。楽器も手入れを怠ってはならない。）

―より良い音を出すのに必要なテクニックに配慮する。

―音程通りに歌ったり演奏したりすることにおいて、聴き取りや耳の訓練は基礎基本である。

―口の形を変えることによって、異なる音を出すことができる。

発声練習

ここでの練習では、3つの異なった口形、音を取り上げます。

1）「Mmm」 この音は、唇を閉じたまま、口腔内を大きく開けた状態で発声します。

2）「Ahhh」 この音は、口の筋肉を緊張させずに口を大きく開けた状態で発声します。この音は大きく響く音です。

3）「Dah」 管楽器の演奏中、9割においてこの「Dah」という音が使われます。この音は、上あごに触れている舌を、息を吐き出すとともに元に戻すことによって出すことができます。

ヴォーカルの練習をする時は、常に安定した音の高さを保ちながらすることが大切ですから、必ずチューナーを使ってください。「Mmm」の音から「Ahhh」の音に換えるときは、部屋中に響き渡るようなしっかりとした大きな音を出しましょう。

音高を換えるときは、次の音にスライドしていかないで、それぞれの音の高さを正確に出していきます。そのとき音色は音域に関わらず常に同じでなければなりません。

発声練習

CD　トラック＃2

ビル・ミューター

マウスピースバズィング

「ズズズズズズズ」

金管楽器を演奏しているとき、その楽器は大きなスピーカーとなります。音の良し悪しは別として、楽器に吹き込んだ音をそのまま奏でます。

マウスピースを使ってバズィングを練習することによって、音色、ピッチの正確さ、エアサポートなどさまざまなことが上達します。

マウスピースの持ち方

マウスピースは、常に親指で下の部分を支え、人差し指と中指を上に添えます。シャンクの端の穴を指でふさいではいけません。バックプレッシャーがほとんど、または全くかからない状態でマウスピースの練習をすると横隔膜が鍛えられ良い運動になります。

マウスピースのくわえ方とアンブシュール

鏡を見ながらマウスピースをくわえてみましょう。マウスピースの外側にはみ出る唇の部分はアンブシュールと呼ばれます。そしてマウスピースの内側に入っている部分（振動を起こす部分）はアパチュアと呼ばれます。バズィングをするとき、アンブシュールに力を入れすぎてはいけませんが、しっかりと張った状態でなければいけません。アパチュアには力を入れない状態にしておきます。そうすることによって唇がうまく振動するわけです。

やってはならないこと

—音を出すとき唇を全部閉じてしまう。

—プレッシャーを使う。

—マウスピースのシャンクの穴を閉じてしまう。

やらなければならないこと

—身体をリラックスさせた状態で楽器を持つ。

—バズィングをする時は、息ですることに集中する。

—大きく響く音を出し、正しい音程で吹く。

実践的応用

バズィングの練習は、マウスピースバズィングから始めるのが最も適しています。しかしそれだけで終わってはならないのは言うまでもありません。この本のすべての練習を行うときは、まずバズィングをやってから始めるのがよいでしょう。

マウスピースを常に携帯してください。ラジオを付けていれば、そこから流れる曲に合わせてバズィングをします。ちょっとした暇があるとき、マウスピースが横にあれば、いつでもバズィングの練習ができます。このような練習の積み重ねにより、演奏する楽器の音色がよくなっていくのです。

バズィングの練習

この練習は練習曲に合わせて行います。（練習曲は iTunes から
ダウンロードできます）同じ練習曲が２回収録されています。１
回目の練習では、音の高さに注意を払いながら練習します。２回
目の練習では、メトロノームに合わせて練習します。そのときス
タンドの上にチューナーを置いて、音が正しい音程であるか確認
しながら行います。スピードが速すぎるようであれば、練習曲に
合わせないで、スピードを落として練習しても構いません。

それぞれの節は、マウスピースの「Dah」音で始めます。スラー
の音節では次の音符にスライドしないで、必ず音符ごとに出だし
を揃えます。「サイレン」では、表示されている音符から始め、
すべての音を出しながら低音符に流れるように移動していきま
す。それから同じやり方で元の音に戻ります。

マウスピースバズィング

CD　トラック#3

ビル・ミューター

「Dah」

サイレン、
高音符から低音符へ、
低音符から高音符へすべ　繰り返し
ての音を出す

トランペット

ホルン　Ｆメジャー

トロンボーン

チューバ

ロングトーン

「やり方が間違ってるよ」

ロングトーンの練習には、さまざまな利点が数多くあります。しかし、やり方によっては悪影響を及ぼすこともあります。ロングトーンを練習する際、それらの点に注意しておかなければなりません。最大限の効果を出すために正しく練習することが大切です。

なぜロングトーンを練習するのですか。

―音色に集中することができる。

―イントネーションに気をつけることができる。また演奏する楽器の性質を知ることができる。

―唇のウォームアップになる。効果的なバズィングができるようになる。

ロングトーンの練習は、つまらないもの、疲れるものですか。

もしやり方が間違っていれば、答えは「イエス」です。もちろん、ロングトーンの練習は決して楽しいウォームアップではありません。しかも、やり方が間違っているために、多くのミュージシャンが時間を掛けて練習をしている割にはその効果が表れていないのが実態です。

正しいやり方は、ちょうど身体をストレッチするのとよく似ています。同じ姿勢を長時間保つストレッチは、かえって逆効果になると言われています。ふくらはぎを 10 分間ストレッチしたままにしておくのはよくないのと同様に、金管楽器のウォームアップをするとき、コンサート B フラットの音を長時間吹き続けると唇に悪影響を及ぼし、逆効果となってしまいます。ですからロングトーンと他のテクニックを交互に練習するべきなのです。つまりエアーアーティキュレーションやショートノートやロングトーンの練習を組み合わせて練習するのがよく、そうすることでロングトーンが上達するばかりではなく、横隔膜の強化、さらにはバズィングの上達にも繋がります。

次に効果的なウォームアップのテクニックを使った練習方法を紹介します。まず練習を一通り行った後、自分のオリジナルのロングトーンウォームアップを試してください。演奏する曲のタイプに合ったウォームアップスタイルでやります。その際巻末の余白を利用しながら練習してください。

ロングトーンの練習

—この練習において音の出だしはすべて強くする。

—舌を使わずに、唇だけで音を出す。

—全音符とすぐ後に続く5つの四分音符をすべて一息で吹く。

—四分音符を吹くごとに、横隔膜の筋肉を使って息を少しずつ出す。

—チューナーを使用し、次のバルブシリーズに行く前に必ず音程が正しいかどうか確認する。

—低音へと移動する場合は、響きのある豊かな音を維持する。

ロングトーン

CD　トラック#4

まず歌う、それから吹く
最初から最後まで「Ahh」（アー）の音で練習する

ビル・ミューター

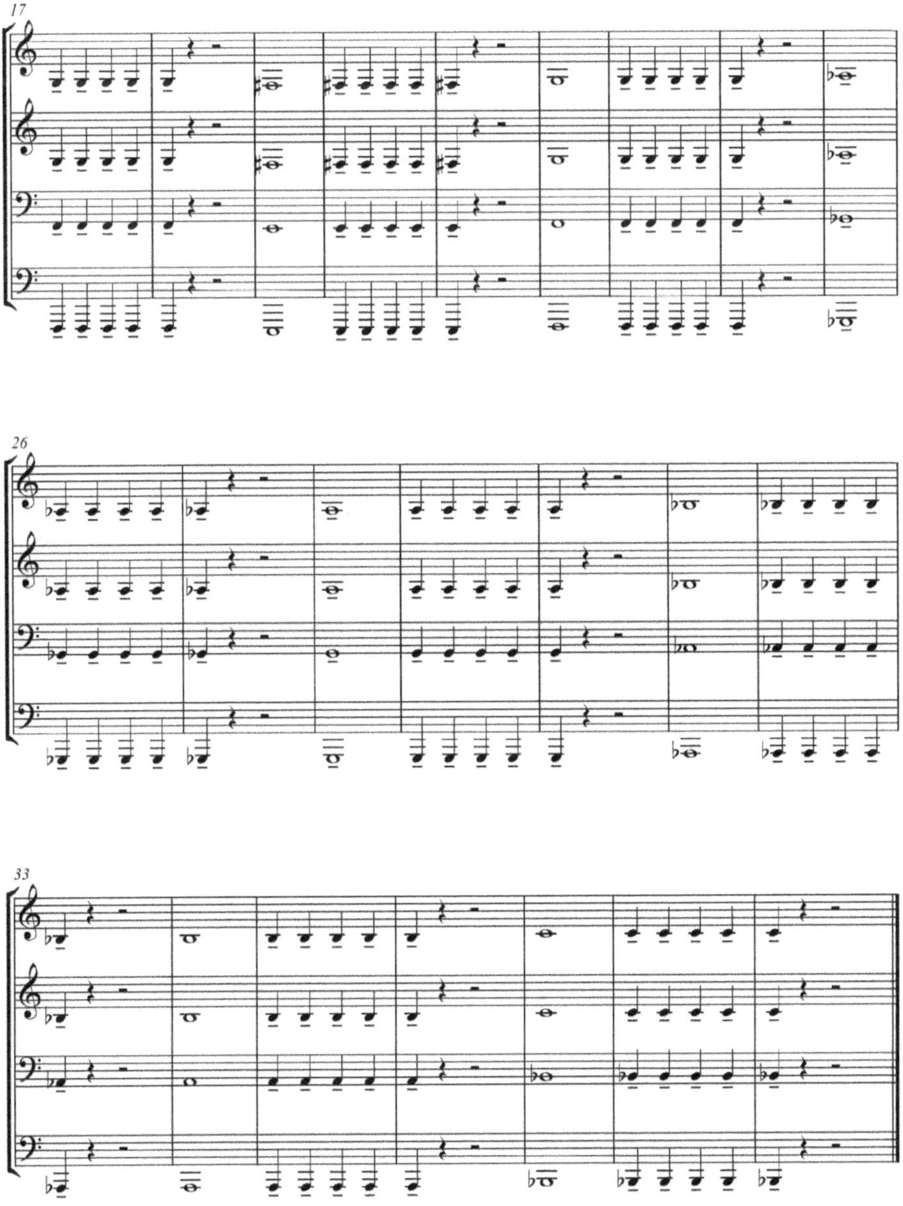
17
26
33

リップスラー

「この本の最も重要な部分である」

この本の最も重要なセクションに入ります。リップスラーは、金管楽器奏者が柔軟性を増し、演奏の幅を広げ、持久性を高めるのに最も大切なツールです。本課では、効果的なウォームアップのためのさまざまな練習方法を紹介します。

練習メモ

リップスラーの練習をする時、決していい加減にやってはいけません。はっきりとした音を出すところは、それぞれのフレーズの最初の部分だけです。そこは「Dah」の音を使います。それぞれの練習で、低音階へとバルブが下がっていく際、できるだけ最初の音と同じ音色をキープするようにします。これは、バルブを押す数が増えた場合、さらに多くの息を吹き込むことで調整することできます。バルブを押すと管が加えられるので、バルブをオープンした状態の音と同じ音色を保つためにはさらに多くの息を吐きこまなければならないということを忘れないでください。楽器の高音域まで及ぶ練習も載っていますが、音域すべてにおいて同じ音、音色、アンブシュールになるよう心がけてください。リップスラーは中程度のボリュームで練習します。

リップスラー　1番

CD　トラック#5

ビル・ミューター

2

リップスラー　2番

ビル・ミューター

2

リップスラー　3番

CD　トラック#7

ビル・ミューター

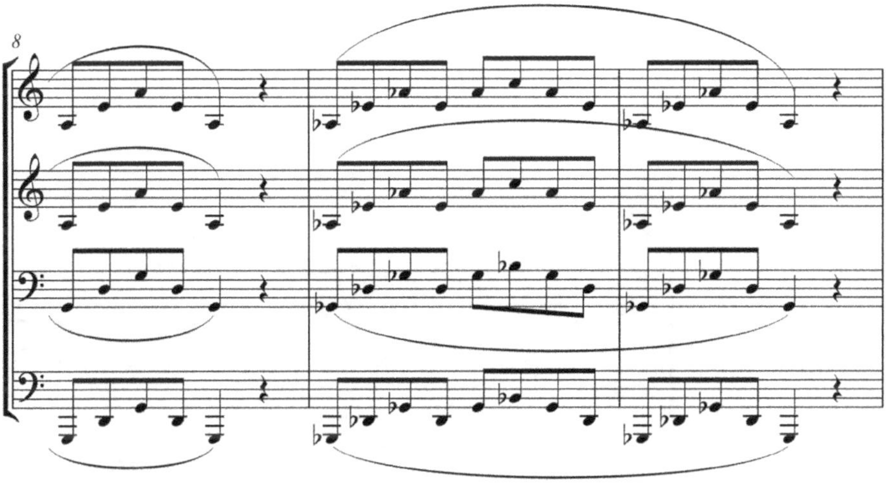
8

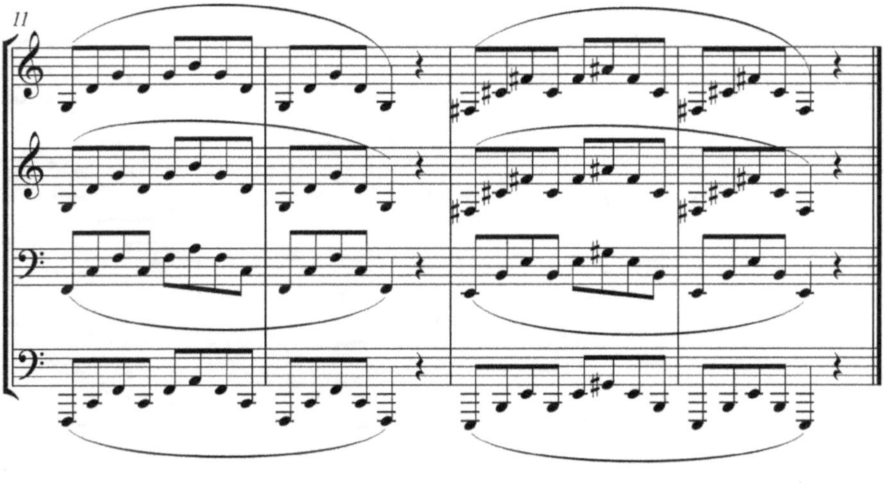
11

リップスラー　4番

CD　トラック#8

ビル・ミューター

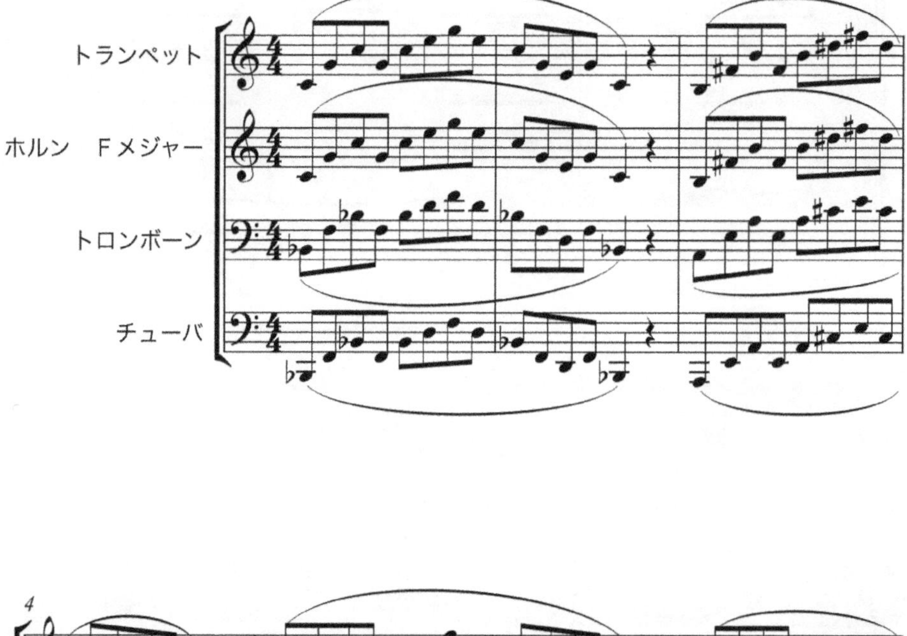

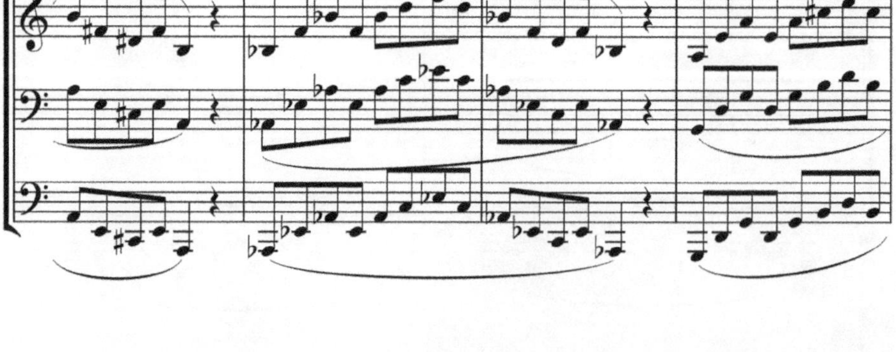

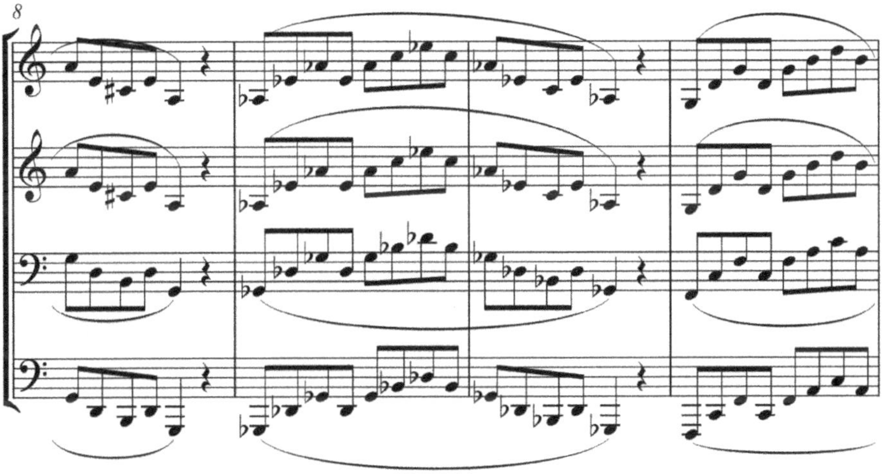
8

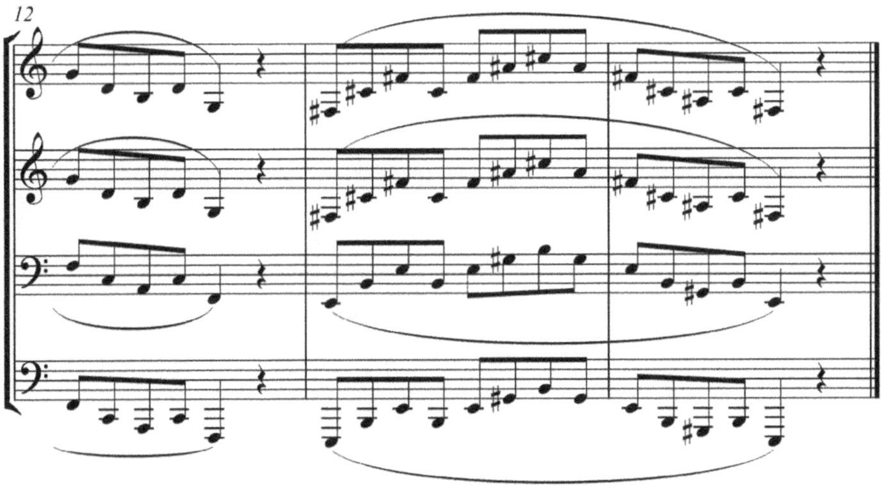
12

リップスラー　5番

CD　トラック#9

ビル・ミューター

トランペット

ホルン　Ｆメジャー

トロンボーン

チューバ

2

アルペジオ

「1－3－5－8」

金管楽器奏者は、それぞれの楽器の低音域から高音域のすべての音を鮮明かつ正確に演奏する上で多くの問題に直面します。この問題を解決するためには、アルペジオの練習をするのが最も適した方法です。アルペジオを練習することにより、短期間のうちに低音域から高音域に渡る音を出すことが可能になります。

紙面の節約のために本課の練習はすべてコンサートＦメジャーを１スケールのみ記載します。それぞれの練習において、アルペジオをどのように練習するかが示されています。練習フォーマットが理解できたら、他のスケールやモードにもこのテクニックを応用してみましょう。

メジャーアルペジオ

1	3	5	8	5	3	1
C	E	G	C	G	E	C

この課のすべての練習は、１－３－５－８のスケールフォーマットに従って行います。

初級アルペジオの練習

この練習は４つの部分から成り立っています。この４つの部分が正確に吹けるようになるまで繰り返し練習します。その際、それぞれの音符が同じ音色になるように気をつけましょう。まずチューナーをつけて、それぞれの音符のピッチが正確になるようにします。その後に、練習曲を聴きながら練習を始めます。メジャーアルペジオの練習をする時は必ずこの手順を踏んでください。

初級アルペジオ

CD　トラック＃10

ビル・ミューター

上級アルペジオの練習

「初級アルペジオの練習」に記載させている内容がそのままここでも適応されます。第2オクターブを加えるとき、どの音域においても同じ音色を出すようにします。高音符を出すためにアンブシュールを変えることがないよう気を付けます。上手に音を出すことができるようになり、さらに上級のものを試してみたければ、マイナーアルペジオにも挑戦してみましょう。

上級アルペジオ

CD　トラック＃11

ビル・ミューター

2

パート4

パート5

さまざまなアーティキュレーション

「ダー」

金管楽器のウォームアップ最終段階の一つとして、さまざまなアーティキュレーションの練習方法を紹介します。金管楽器音を出す方法は数多くあります。以下はすでに紹介したものです。

基本テクニック

エアアタック　　　舌は一切使いません。息と唇だけで音を出します。

「Dah」アタック　　金管楽器において最も一般的なアーティキュレーションです。舌は上あごにつかえ、しっかりとした音を発します。

上級テクニック

ダブルタンギング　　　「tu」（トゥ）と「ku」（ク）の発音をしながら、舌を前後に動かすことによって、ダブルアタックの音を出すことができます。

トリプルタンギング　　「tu,tu,ku」（トゥトゥク）の発音を使うとトリプルアタック（三連符）の音を出すことができます。

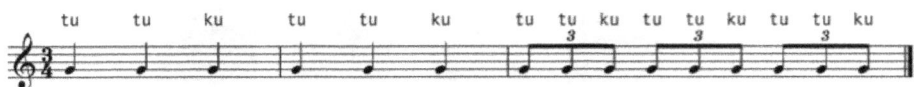

上記のどのタンギングの練習する場合でも、音が短くなってはいけません。必ず音符の長さ分しっかりのばします。またどの音符も同じ長さにします。

例：下のそれぞれの■を四分音符と仮定しましょう。■は４つとも同じ大きさになっていますね。これは、どの音も最初、中程、最後とすべて同じ音量であり、音色であり、また同じ性質であるということを示しています。これが正しい吹き方なのです。

例：下の４つの音符では、最初だけが大きな音となっています。これは正しいやり方とは言えません。

音を止める方法

息を吸い込むことで音を止めます。音を止めるときにやってはいけないことは以下の３点です。

―舌で音を止める。

―唇を閉じて音を止める。

―吐く息を少なくして音を止める。

いろいろなアーティキュレーションを取り混ぜた練習

この練習をする時は、どの音符も同じ長さになるようにします。「tu」と「ku」の音が同じ長さになるように気をつけます。アーティキュレーションの仕方を変えているということが聞き手に分からないようにしましょう。

ミックスアーティキュレーション

CDトラック#12

ビル・ミューター

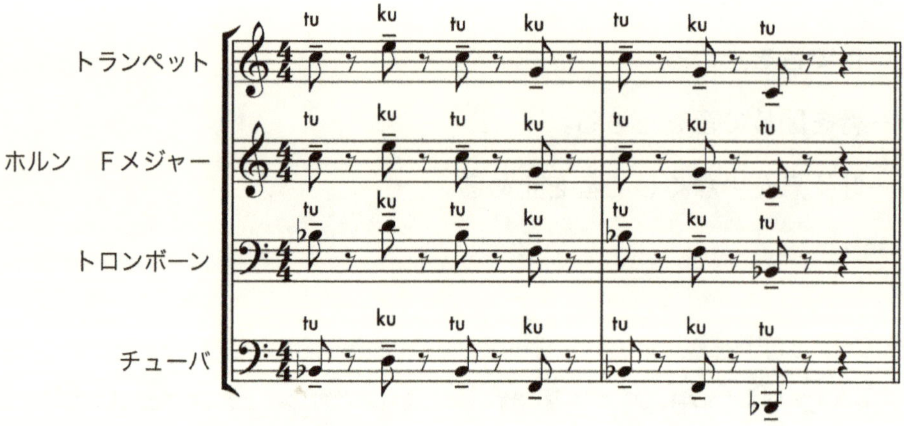

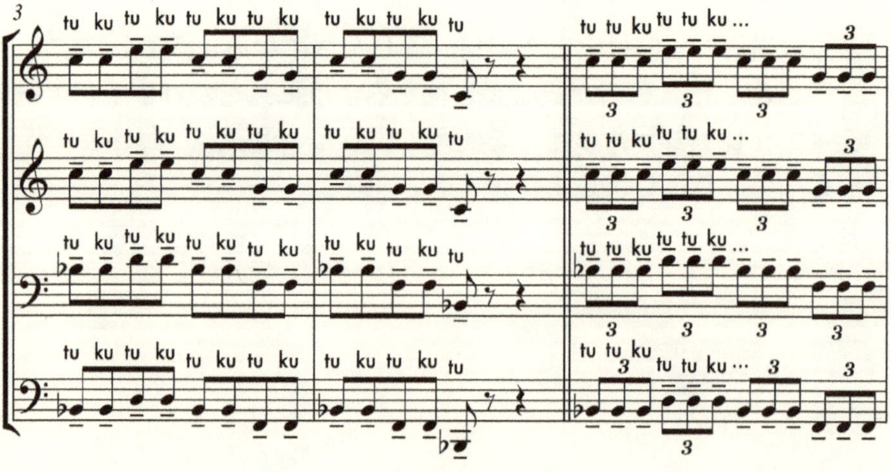

6
tu ku tu ku tu ku tu ku tu ku tu ku tu ku tu ku
tu ku tu ku tu ku tu ku tu ku tu ku tu ku tu ku
tu ku tu ku tu ku tu ku tu ku tu ku tu ku tu ku
tu ku tu ku tu ku tu ku tu ku tu ku tu ku tu ku

8
tu ku tu ku tu ku tu ku tu
tu ku tu ku tu ku tu ku tu
tu ku tu ku tu ku tu ku tu
tu ku tu ku tu ku tu ku tu

第9課

将来へ向けて

「自分の道は自分で切り拓こう」

日々の練習の最終的目標は、演奏でその成果を発揮することです。この本で紹介した練習は、すべての金管楽器奏者が知っておくべき基礎知識です。これらの練習をこなした後は、あなた自身のミュージカルスタイルに合わせて、実践的なものに発展させていきましょう。そしてここで学んだものを他の人と分かち合いましょう。ミュージックの世界において、みなさんが自分の居場所を見出せることを願っています。

ウォーミングアップをすること

長時間のウォーミングアップ＝時間の無駄

演奏の前に「きちんとしたウォームアップ」をするのに少なくとも３０分間は費やさなければならないと主張している多くの演奏家に出会ったことがあります。ショーの前にお決まりのウォーミングアップをやることは、金管楽器奏者にとっては逆効果になることもあります。ウォーミングアップは各自のコンディションによるものです。定期的に楽器を演奏しているのなら、一晩の演奏会のために長時間掛けて唇のウォームアップをする必要はありません。なぜ演奏家の多くは唇のウォームアップに力を入れるのでしょうか。

「60/40　ウォームアップ」

ウォームアップを６０対４０に分けましょう。つまり６０パーセントの心理的ウォームアップと４０パーセントの肉体的ウォームアップに分けるわけです。以下に６０対４０の分け方の良い例を示します。このとき自分にとって何が必要であるかを決めるのはあなた自身です。

心理的及び肉体的に正しいウォームアップの方法を見てみましょう。

心理面―６０パーセント

心理的ウォームアップとは、演奏の前に自分をどのような心理状態に持っていくかということです。まずショーがどんなタイプのものか査定します。音楽のスタイルはどのようなものですか。会場はどういうところですか。

例えば、あるレストランで夕食中の少人数の観客を前にジャズを演奏すると仮定しましょう。レストランへの車中ではジャズを聴きましょう。ショーで軽快なＢＧＭとしてジャズを演奏するのに、ショーへの道すがらデスメタルを聴いてもうまくいくはずがありませんね。これから自分が演奏する曲に、より良い影響を与える音楽のことを考えます。そこで会場に着いたら、まず聴衆を見回してください。そして会場の雰囲気を感じ取ります。次にその部屋の音を聴いてください。エコーがよく効くウエットな音ですか。それともドライな音がしていますか。これらすべての要素によって、肉体的ウォームアップのやり方が決まるのです。

肉体面─40パーセント

心理的ウォームアップで分かったことを考慮に入れながら、肉体的に何が必要か決めていきます。これから演奏しようとしている曲に合わせて、ロングトーンやリップスラー、アーティキュレーションの練習をします。演奏する曲から１セクションを取り出し、いろいろな方法で練習を試みます。唇の調子を見るためすべてエアアタックで吹いてみます。また、すべてスラーで吹いてみます。それから、演奏に要求されているスタイルで吹きます。自分に一番適しているものを探してください。成功を収めるためにはどの練習が適しているかを見極め、自分自身の練習手順を見出すことが大切です。必要なものが分かると、ウォームアップのやり方を確立することができます。

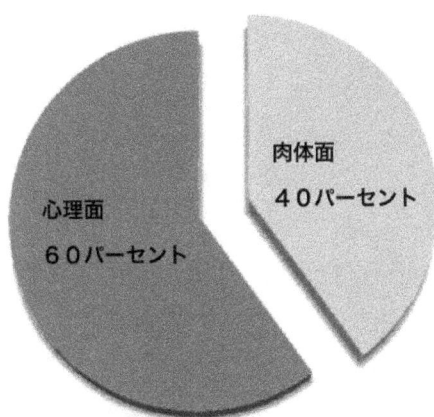

肉体面
40パーセント

心理面
60パーセント

才能を分かち合おう

演奏しましょう！どこででも！誰にでも！楽器を持って出かけましょう。四方を壁に囲まれた部屋で練習をするのは止めて、聴衆に向かって演奏しましょう。部屋の中だけで練習していると、即興で演奏することができなくなります。一人で練習しているときに間違えたら、吹くのを止めて最初からやり直し、同じ箇所を練習しまいますね。いつもこういう練習ばかりしていてはよくありません。

観客を前にしての演奏中に間違えた場合、その経験を次へのステップとしてポジティブに捉えていくことが、演奏家としての役目です。観客からのフィードバックも大切です。観客に向かって演奏することによって、自分がやっていることが聞き手にとって楽しめるものであるかどうかが分かります。

知識を分かち合いましょう

ある知人が「自分の道は自分で切り拓こう」と言ったことがあります。音楽が廃れることなくこれから何世代先に渡っても人々を楽しませるものであり続けることを望むのであれば、演奏家として自分たちの知識を伝えていかなければなりません。あなたはこのことにどのように貢献していきますか。

感想をお聞かせください

この本を読んでミュージシャンとして何かを学ぶことができたなら、どこが良かったのかをお聞かせください。皆様からのフィードバックをお待ちしています。また、この本が役に立ったなら、是非お友達にもご紹介ください。

第10課

このスペースは、大事なことをメモしたり、自分の考えをまとめたるするのに、ご自由にお使いください。

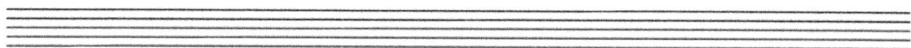

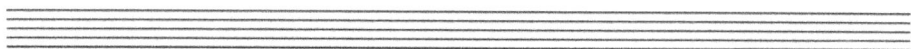

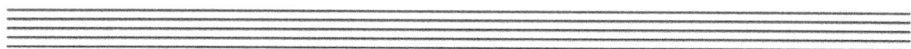

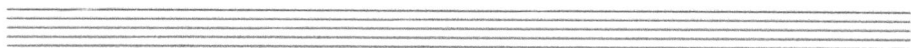

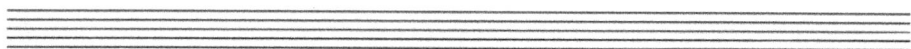

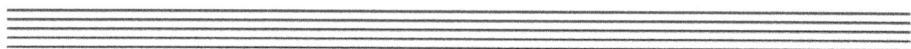

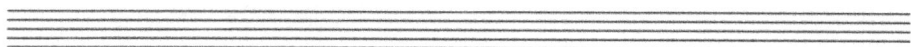

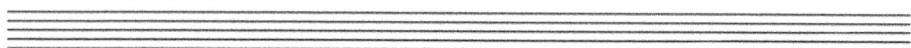

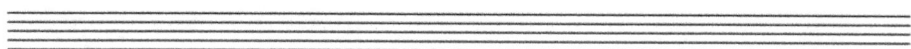

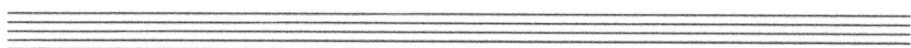

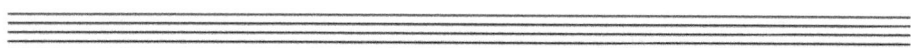

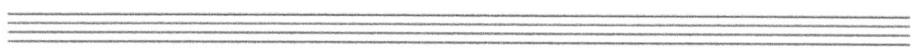

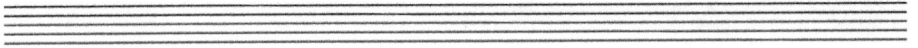

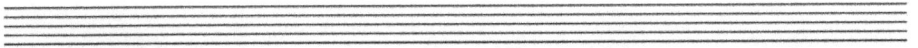

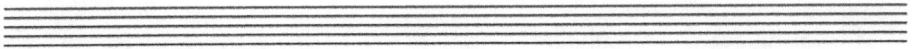

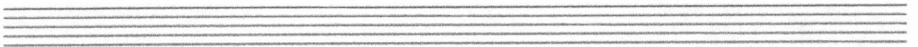

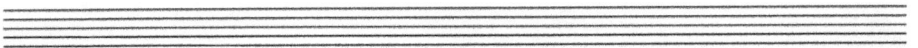

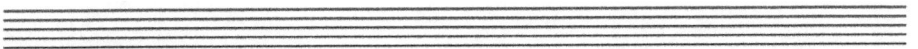

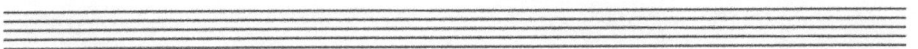

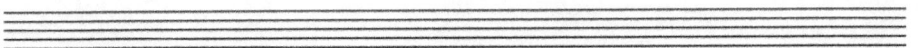

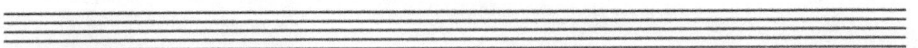

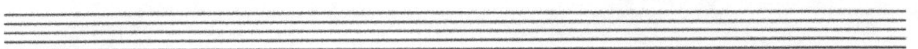

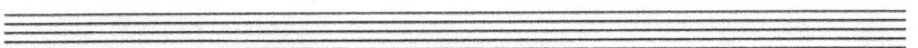

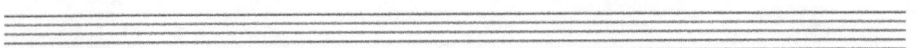

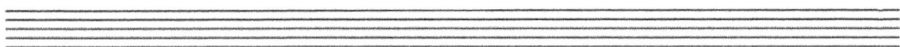

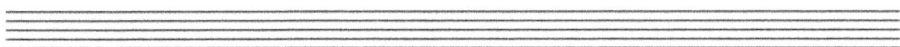

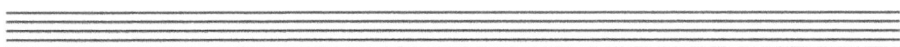

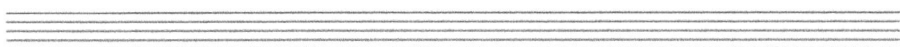

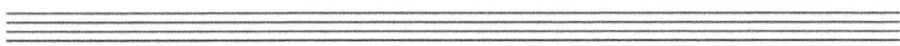

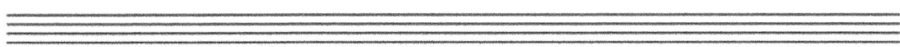

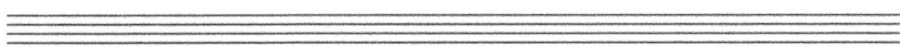

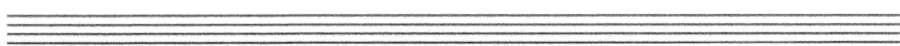

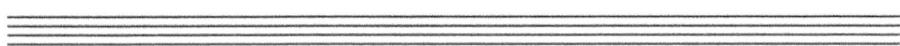

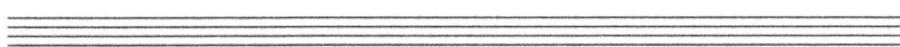

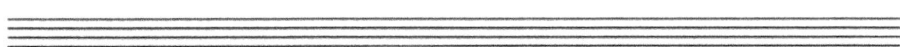

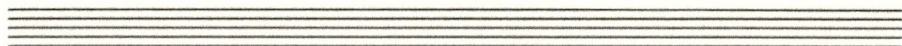

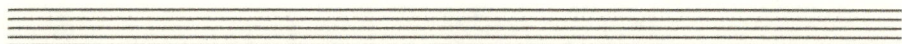

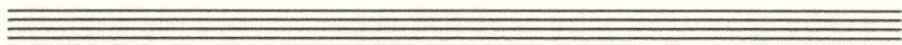

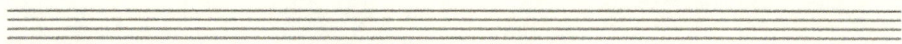

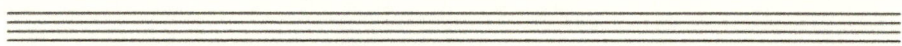

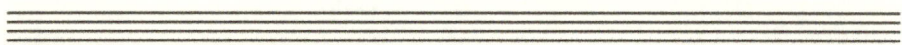

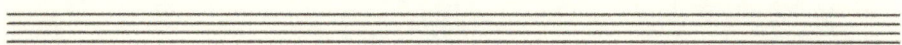

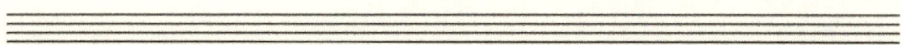

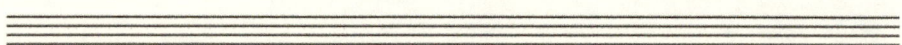

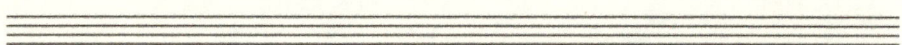

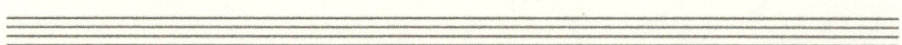

9 781105 853777